JN418743

최전엽 시집

順天命으로 살지라

최전엽 시집

順天命으로 살지라

지구문학

책머리에

내 가는 길

예쁜 꽃 피우리
돌너덜 길 다듬어 가리
산이 막혀
굽돌아 발자국 재며 가리
별 쏟아 부은 강심도 알아보리.

한쪽 모퉁이
아껴둔 조각달 데면데면하다가
볕들어 바래 버린 세월
꿈의 금비녀 하나
건지고파 밤마다
깊은 샘 두레박질 퍼보지만.

길은 흔들리네
억새무덤 외로운 휘파람새
풍뎅이 누워 허발 치듯

　　한갓 애만 쓰다 말랴
　　가리, 가야 하리.

두 번째 시집을 내면서

쓰면 다 시가 되느냐, 행만 가르면 시냐,

수없이 되뇌며 고민했지만 아직도 서투른 몸짓이 못내 부끄럽고 떨립니다.

글을 읽으며 무아지경 몰입함을 좋아했고,

글을 쓰며 내 존재감을 느껴 기뻤습니다.

수준 높은 강의를 해주신 새얼문학 박형준 선생님,

함께 한 창작교실 동인 여러분께 감사합니다.

시집 발간에 애써주신 지구문학 김시원 선생님,

특히 평설을 써주신 이수화 선생님, 진심으로 감사드립니다.

2010. 1

최전엽

차례 | 최전엽 시집 · 順天命으로 살지라

책머리에 _ 8

1부

17 … 봄은 뱀
18 … 2월
20 … 온기
21 … 민들레
22 … 春鬪의 계절
23 … 콩을 고르며
24 … 벚꽃 지는 길
25 … 네잎 클로버
26 … 네잎 클로버 · 2
29 … 벌집
30 … 장미의 계절은 가다
31 … 강아지풀
32 … 장마 · 2
33 … 장마 · 3
35 … 장마 · 4
36 … 장마 · 6
38 … 처서 · 2
39 … 낙엽
40 … 하현

2부

43 … 자귀나무 횟집
44 … 갈등
46 … 情
48 … 빈집
50 … 공원풍경
51 … 공원풍경 · 2
52 … 버즘나무
54 … 등산길에서
56 … 신경통
57 … 승기천
58 … 금 잃고 구리
60 … 막차 버스
61 … 그믐날이면
62 … 잘 그려진 조감도 앞에서
64 … 순한 말
66 … 몽골인 곡예
68 … 소리

3부

73 … 가을 해넘이처럼
74 … 順天命으로 살지라
76 … 긍지
78 … 아! 어머니展
80 … 새벽 小考
82 … 성묘 길
84 … 추석일기
86 … 제삿날
88 … 말씀 적으시고
91 … 맨드라미 사랑
92 … 두꺼비 집
94 … 현해탄 편지
96 … 廢家를 보며
98 … 양귀비
100 … 만났을 때 우리
102 … 친구여

4부

105 … 그때 그 담
106 … 가고 싶은 곳
108 … 매화기도원
110 … 부활절
111 … 길
112 … 국화 앞을 지나며
114 … 너희도 나그네
116 … 자유공원
118 … 산불
120 … 白頭翁
121 … 凌虛臺
122 … 三呼峴
124 … 부두는 만나기 위해
126 … 앵무새
128 … 태몽
130 … 첫눈
131 … 한 해를 보내며
132 … 성탄 아침

작품평설/ 이수화 _ 최전엽 敍述詩의 미학 … 134

1부

봄은 뱀

독을 깨고 살갗 베는 꽃샘바람
양지 발 보리밭은 이삭을 배고.

한 줌 햇살 오붓이
땅속 깊이 봄을 부풀리는 뱀.

여미고 감싸는 은밀한 규실
유백 꽃 몽우리 배는 목련.

가랑비 촉촉이 적시는 밤
寒天알 배는 나지막한 웅덩이.

2월

살품 파고드는 2월 산수유
흔들리는 가지에
비이빗 비이빗.

길 한쪽 밀어놓고 나무로 서서
살짝 곁눈 봤을 뿐인데
휙, 날아가 버린 그 새.

선악을 알고
눈 밝아진 후
그의 삶 터전 늘 불안해.

그러나 언덕 있고 나무가 있는 곳
잊혀진 계절 귓전 울리며
올해도 돋보일 것은 자신인 것처럼
서너 발 저만치 오는 봄 기별한다.

비이빗 비이빗
짧은 여운
일렁이는 역동.

온기

불씨 사그라진 오랜 질화로
초봄 해거름은 으스스하다
오일장 마당에 앉은 어머니
발자국 소리는 아득하고
검불 헤집고 봄을 기다리는
복수초는 오순도순 외롭지 않겠네.

별 한손 이고 오시는 어머니
등잔 밑에 따뜻한 밥상 놓인다
시퍼런 것들은 다 보약이니라
서럽지 않는 어머니 온기.

민들레

돌 틈새 작은 봄 안고
보대끼며 나온 민들레
예쁘구나 갸륵하구나
웃는 입 한 방 같다.

오면가면 마음 주고
누렁 잎 따주며
도려내야 산다 아파야 핀다
오, 사랑 눈치 영악하구나
쓰디쓴 젖 한 방울로 참을 줄 아네.

낮은 데서 밟혀도
새벽이슬 민들레 부둥켜안고
봄, 봄
우리 봄은 활짝 피는구나.

春鬪의 계절

칼금 긋는 소소리 바람
삶이 고달픈 겨울나무
눈 딱 뜨고
꿈틀꿈틀한다
갈라진 흙속에 붉은 힘 비비추
송곳처럼 새 하늘 찌른다.

꽃바람 일으켜
세상을 바꾸자, 바꾸자!
아름다운 꽃으로 변하는
세상 만들자, 만들자!
눈부신 햇빛도 선봉에 나섰다.

시리고 아린 견딤
이젠 물러가라, 물러가라!
산허리 자색 띠 대규모 시위
3월의 합성
아름다운 春鬪의 계절이다.

콩을 고르며

칠 벗은 개다리 상에
씻은 콩 두어 줌씩 펴놓고
갓톨을 고른다.

일손 나른한
잡히지 않는 아지랑이
“연분홍 치마가 봄바람에……
꽃이 지면 같이 울던……”
칠 벗은 봄 한 자락
마당가 살구나무 꽃잎 떨어진다.

동백산 뻐꾸기
넌 왜 우니?
콩도 안 고르면서,
기다릴 것도 없는 기다림
목쉰 봄날은 간다.

*갓톨 : 부실한 콩, 아랫녘 사투리

벚꽃 지는 길

누구든 지는 꽃 서운타 하겠지만
떨어지지 않으려고 추한 목 메이느니
비갠 아침 산뜻하게 지는 것
떨리는 날개로 연못가에 뛰어내려
물테 타고 유람하다 붕어와 입맞추고.

꽃 터널 거님 길 명지바람
길잡이 화동처럼 꽃보라 흩뿌려
밟기도 아까운 젊음의 꿈길.

지는 꽃이 榮華라면
가지 끝 미련 들고 미적대느니
아름다운 품격
앞서거니 뒤서거니
하르르 하르르.

네잎 클로버

어깨 툭 치며 손잡고
이 歡喜 건네줄 사랑하는 사람,
작은 풀꽃도 황홀해 하고
벌레 소리에 귀를 대는
아름다운 시편을 읽고
잠언을 묵상하는,

주름진 달그림자 이마에 닿을 쯤
알게 된 것 많지만 모르는 것 더 많아
십자수 한 땀 한 땀
十字苦像 풍경 그리며
저문 날에도
남긴 삶 여백에
평생 한 번의 행운일지라도
끈끈한 사랑 오달지게 이어갈,

붉은 명주 술 허리 매어
넌지시 쥐어줄.

네잎 클로버 · 2

1.

햇빛 좋은 날
5월이 가져다준 행복한 날
작은 토끼들이 옹기종기 놀고 있다
클로버여,
한 줄기 실바람에
살랑살랑 허리춤 추는 에덴의 뜰
오늘의 메이 퀸 누구일까.

나다!
제 영역 벗고 나선 빼어난 미모
네 개짜리 얼굴
뽑혀서 왕관 썼다.

2.

빗발치는 전쟁터
네잎 클로버 꺾는 나폴레옹

허리 굽힌 위로
포탄은 날아갔다
오! 클로버여
우연한 골목길 마주친 첫사랑 같은
행운의 여신이여.

3.
뭘 찾으시유?
산책 나온 어르신
네 개짜리 잎 하나 드린다
씩 웃는 옛 미소년
닫아 걸은 마음 열린다
설레발이 설치는 세상엔 안뵈
욕심 없는 사람헌테만 뵈는겨
머나먼 다랭이 초록 논둑
돌돌 흐르는 농수로 개구리밥
타임머신 타는 순간

행복이 셀프로 온다.

4.

마음으로 보고
사랑으로 눈 마주쳐야
얼굴 내민다.
그들도 해거리를 하는지
지난해 있던 곳에
올해는 한 개도 없네.
그들도 날궂이를 하는지
해거름에 먹구름 낌새 들면
잎 딱 접고 초저녁잠을 잔다.

벌집

옥골 야산 숲
아카시아나무 밑 벌통은
벌떼 웅성웅성 북새통
그 집에 무슨 일이……

몸은 곤죽
쓸개는 개천에 버려
한 눈 빠지게
백리 밖 채집한 꿀
神도 놀랄 일품 꿀
막치 잡꿀과는 비교 마오.

청승에 매인 길독 푸는
세상 뇌물 아니니
공궤품 양손 들고
여왕궁에 서로 먼저
벌집 쑤시고 아우성이다.

장미의 계절은 가다

가슴에 꽃을 단 귀부인들
초청 받은 모네
장미 뜰에 모여 수다를 떨 듯,
검붉은 술 진한 향기
마시고 취하여 춤추는 밤
울타리 잡고 목 빼어
별빛 창에 소야곡 부르듯.

왔다.

껴안고 도란도란 그리운 사람
가버린 목마다 가시 찌르듯,
병들어 부대끼다
울컥울컥 핏조각 쏟듯,
영화는 흩어져 밟히고
화려한 삶
장미의 계절은.

가다.

강아지풀

뙤약볕 길가에
털보송이 강아지
밭고랑서 뽑히고
가라지라 던져져
벌레 밥, 새들 밥 되기도 했지만
올해도 이맘때 약속처럼
정강이를 뛰는 더펄 강아지.

더운 날엔 더우려니
달리는 아이들
손바닥 위 초록 풀밭
워리 워리,
기쁨 가득 순금 같아라
다정하게 부비는 치맛단이 간지럽다.

장마 · 2

— 매미

여름 한철 맘껏
노래하고 싶었으리
억수장마 참고 참다
나무말미 든 사이
터지는 매미소리.

땀 씻는 느티나무
바쁜 세상
반짝 삶,
거칠고 쫓기는 도시의 매미.

쨍쨍 벼 익는 날까지
장마는 멀어
길거리 천막 유랑 악사
막간 부르는 鼻音 가수
궁둥이 씰룩이며
밈밈 밈밈 미래도시
미임~~.

장마 · 3

— 참새

비는 오락가락
참새가 먹이를 찾는다
깃털 얇은 새끼가 떨고 있다
어느 집 광 앞이나 죽담 곁
낟알 몇 얻으려 왔겠구나.

뜰방 아래
버팀개 세워 놓은 삼태기
빛나는 밥상 있다
참새가 흔들리고 있다.

돌아오지 않는 친구 녀석
저것에 당한 거렸다
난 달라
육감이 달라.

빙빙 겉도는 비웃음

깽그렁!!

접시만 깨고 날아갔다

참새가 일냈으니

큰 비는 와 놨다.

장마 · 4

— 韓福洙

벌쭉하고 못생긴 오지동이에
소마 받아 텃밭에 이고 가는 청주댁
추저분한 막일 손수 다한다
애옥살림 축만 내는
외아들 밥수(福洙)
공무원시험 재수하던 그 여름
장맛비 불어난 냇가 수초에
줄줄이 열린 대사리 새우
허벅지 걷어 올려 어레미 훑던
솜털 보송한 열세 살 순이
순간 흙탕물에 잠겼다 떴다
징검돌 텀벙텀벙 오던 밥수
물총새처럼 뛰어들어 건져냈다
너럭바위 엎어놓고 황톳물 찌어낸.

그 후
밥수는 사라지고
공무원 韓福洙가 나타났다.

장마 · 6

— 눈물

교정가 들꽃 화단 곁
손주 기다린다
우산 들고 90도로 굽은 허리
몸빼 엉덩이가 젖는다
앵초꽃 우산 백리향을 받쳐 준다
제 어미였으면…
핑그르르 도는 눈물.

와글와글 아이들 파하여 가고
선생님 자가용도 사라진 빈 운동장
기린초 목만 빼다 돌아온 헛걸음
대만 남은 할미꽃 줄기에
주르륵 흐르는 빗물.

과외 틀에 갇혀 버린 아이들
손주는 어슬렁 외톨박이
태권도 빨간 띠

눈만 따라간다.

다, 내 죄다
먹는 거라고 자꾸 주워 먹어
남의 나이까지
어미 자리 몫은 시름뿐
할머니의 눈물
말(斗)로 되도 남겠네.

처서 · 2

밤하늘이 강물처럼 깊어지고
모기 입 돌아가는 처서
풀벌레들이 먼저 철들어
평상에서 맑은 목소리로 별을 센다.

봉당에 어미 뗀 강아지
늑대울음 우는 초저녁
선기난 바람은
배롱나무 가지에 미끄러진다.

내 몸에 주렵 몸살
들끓던 지난 여름 흔적으로 와라
나를 나도 모르는
맑은 냇물 삶이 흐른다.

낙엽

누가 부스러뜨린 황금조각인가
창밖에 바람소리.

가야지 떠나야지
주저할 것 없이
뛰어내리는
하늘은 그만큼 멀다.

어느 소란한 시장 어귀
내일 또 내일을 위해
보도 위에 엎드린 마지막 자세
뉘우침 많은 가을의 기도.

차곡차곡 주워 담는
내 장바구니
풍성하다
초라하다.

하현

담벽에 기대 기다리는 님
핏기 잃은 옆얼굴 싸늘하다

누런 갱지 짝사랑 한 줄 전하지 못하고
날려버린 억만년의 비밀

이지러진 맨얼굴로 얼레 떠난 연처럼
뒤뚱뒤뚱 다가와

창틈으로 흘기며 훌쩍이는
가랑잎 뒤척이는 밤.

2부

자귀나무 횟집

독배길 오동배기길
줄로 재 금 그어 새길 나고
이리저리 잘린 자투리마당 자귀나무
터가 센 횟집에
긴 세월 함께 사는 까닭이 무엇일까.

도깨비와 씨름해 단판에 들어메친
대가 센 노인
묵은 짠지 같은 입심 센 노파와
칼날 아래 얇게 저며지는 한 삶
노부부의 오랜 합환을 위해
이맘때면 담홍의 꽃을 피우는 것일까.

노파의 험구와 숫돌에 벼리는 노인의 칼날
무언가 내면에 강한 氣 분출하는 나무,
자귀나무 횟집은 그래서
콕,
찌르는 칼 맛이 있는지 모른다.

갈등

등나무 쉼터
친친 감아 오르다
끝내 뒤엉켜 버리는 나무
얽힌 수많은 회로를 넘나들며
말아 올린 물줄기
보라 등불 켜
달게 마시고 또 길어갔으리.

언덕 아래 빈집
以堂 화백 생가
낡은 담 끼고
까치집처럼 얽혀 있는 칡넝쿨
외줄로 꼿꼿이 살 수 없는 숙명
붉은 뒤안길에서
흔적마저 얽어매려는가.

한사코

얽혀 살아야 하는 까닭

칡넝쿨, 등넝쿨

풀 수 없는

영원한

葛藤인가.

情

시난고난,
10년 고삭부리
입술 푸른 앉은뱅이 꽃
진지도 여러 날
어느새 방에 또 와 앉아 있네
그녀여,
이미 떠난 사람 아니었나?

팔짱 곁부축 돌층계 올라
오른쪽 양지 편편한 곳
자그마한 카페에 들어갔다
가랑잎 흘러내리는 어깨
그녀여,
그대 있을 곳은 여기쯤 아니었나?

"다시 만날 때, 다시 만날 때
그때까지 계심 바라오"

능 다독여주고
총총 내려오는 계단 위
확!
섬 만한 바위
내 머리빡에 던지는 그녀
날 버리고 곱게는 못 간다
서슬 퍼런 눈빛.

공존할 수 없는 그곳
떠도는 괴력 붙든 것이냐
그녀여,
情 있어 아름다운 세상
때로는
떼야 하는 슬프고 아린
情.

빈집

두물머리 강기슭에 서리꽃
얼음에 묶인 빈 거룻배
마지막 내려준 노인
희미한 뒷그림자
뱃머리에 구부러져 있습니다.

언덕배기 오두막
낮은 굴뚝
실오라기 연기마저 끊어져
썩은새 처마 밑을
기웃거리는 굴뚝새
맨발 동동 발 시리다 합니다.

늙은 아버지
살 발라주고 키운 아들
돌아오지 않는 강가에
뜬눈으로 피는 서리꽃

가시만 남은 미루나무
우듬지 까치집도
버리고 간 빈 둥지입니다.

공원풍경

연못에 햇살 담고
무개 내린 바위에
올망졸망 자라들이 올라와 뭉쳐 있다

번영로 벼룩시장
街版紙 펴들고
구인광고 뒤척이는 나무의자
벚꽃 잎이 흩날린다.

햇빛과 바람, 새들 노래
맘껏 우리도 가진 자
젊은 부부와 아이,
세 식구가 동그랗게 뭉쳐 있다.

공원풍경 · 2

비단의 얼룩처럼
어디서나 흐리는 풍경 하나 만든다
몸매관리 전혀 안 된 뚱보 중년남
촐랑이 현란녀 껴안고
덤벙대는 연못가
厚顔無恥
정상 연인일까?

롤러 모는 아동
흘끔거리는 그 눈초리 민망하다
폭포 떨어지는 沼
사라진 갯벌자리
멍하니 바라보던 외가리
目不忍見
물보라 차고 허공 저어가는 긴 날개
저녁 해 귓불 붉어진다.

버즘나무

승차 푯말 거느리고
달리는 삶 겸허히 비켜서서
제 키 눕혀 그늘
기다리는 의자
아낌없이 내주는 버즘나무.

대학로 축제날,
밤새 진탕 마신 젊은이
吐세례 맞아주고
돋는 신열 다스려
각질 한 겹 더 벗는다.

아침 트고 나온 참새 네댓
너즈러진 잡식 吐 청소한다
찌굴째굴 쯧쯧,
저들의 방언 죄다 욕지거리.

활구부 등,

새벽 무논 아버지

집 마을에서 날아온

희끗희끗 버짐 먹은 새.

*버즘나무 : 플라타너스

등산길에서

갈 데 없는 하루
길목 으슥한 산등 오르막
숲을 가꾸는 산새소리
어른거리는 낮은 판자지붕 있네
간이찻집인가
어느 님 산방인가
차 마시며 詩 쓰는 이 누구신가.

여름이 오는 골짜기
찔레꽃 머리
떡갈나무 때깔 좋은 잎
손대지도 않았는데
만산 쩌렁쩌렁 날벼락 치네
도린곁 숨겨놓은 사육막
도사 伏감들
뭣이 켕기는지.

소나무 향기
하루쯤 친하고 싶은 산
초록 한 줌 담아 오고픈
그 산 없네
내리막 荷重 천만 근
발자국 지우며
하산길 내주네.

*도사 : 도사견(犬)

신경통

복더위 한가운데 포도 열매 익는다
봉지 접는 손목에
아롱다롱 참새들
보리범벅 밀범벅.

때 없이 찾아오는 불청객,
밑자리 엮기 전 어찌 달래 보내나
노자 부비 줄 게 없어
去風丸 한 줌
조롱박 찬물로 가름 인사 부쳤건만
질겨라 쇠심줄 사흘을 묵네.

1원 벌이 봉지 속에
쑤시는 삭신
땀범벅 눈물범벅.

*거풍환 : 신경통, 근육통 약

승기천

밤처럼 검은 물
흐느적흐느적 파래의 죽음 위를 흐른다
상한 발목을 구정물에 담근 갈대
탐욕과 음모와 방종과 허위의 긴 벌판을 지나
이제 마지막 思惟처럼 쓰러진다.

백중날, 차오르는 달의 수면이여
언제고 만나 몸 섞을 수 있을 풍만의 물이여
그러나 지금은 사유도 없는 불임의 밤이 흐른다.

썩어가는 승기천
밤으로 검게 망명하는 臥身의 냇물이여.

금 잃고 구리

지난한 세월
한결같이 우리는 손목잡고 왔다
라도시계
언제부터 쩍이 헐거워졌나
스르르 놓아버렸네.

혹시나, 혹시나 고착병
샅샅이 뒤져보는 공원 거님길
이미 남의 손 타고 갔다.

100년을
주인 기다리는 공중 수돗가
지나는 사람마다 밥 감아 살리는
瑞典나라 부러워지네.

밟히고 채인 길가에
주접 든 다보탑 한 닢

미문에 납작 엎드린 노숙자
이 세상 베드로도 요한도 거들떠보지 않네.

금 잃고
구리 한 닢 일으키네
푸른 녹 국보 한 채.

막차 버스

찌그러진 모자,
먼지 묻은 손가방
땀에 젖은 어깨
흐린 안경 불빛 아래 눈감은 채
손잡이에 매달려 지옥을 달린다
커브 틀 때마다 쏠그러져 눕는 사람들
거친 운전솜씨 기사도 지쳐 있다.
막차 버스는 초만원
노약자석 없다
앉은자리는 바늘방석
바라는 궁상 보기도 싫지만
앉아라 거니 괜찮다 거니
실랑이짓도 귀찮은 일
일벌레 공부벌레
종점까지 끌려가는 지친 삶들.

그믐날이면

범처럼 쫓아오는 시간
토끼처럼 쫓기는 시간
돌아볼 겨를 없는
덤불 가시엉겅퀴 길.

눈총 수십 발
맞고 또 맞으며
새치기 서슴없는
차를 쫓아 마구 달려
되돌릴 수 없는 천길 벼랑
간신히 붙잡은 오후 5시.

그믐날이면
다발로 묶는 유리 고지서
범보다 무서운 5프로 가산금
누구의 밥이 되건 허둥지둥
마감시간 벼랑 끝에
한 호흡 살아난다.

잘 그려진 조감도 앞에서

타워팰리스 파크뷰
구름 뚫고 하늘 찔러
발아래 세상을 둔다
품위 타고 가는 무중력 족
그의 셈법은 천문학 숫자.

개 건너 푸서리 땅 쇠똥밭에는
바위 밑에 깔려도 일어서는 생명
질경이 쇠비름 狼尾草
이슬 이고 해 그늘 집 짓는
한미한 싸라기 가만한 꽃

한 닢 동전도 양면세상
그 까닭 그 메시지는 있다
잘 그려진 조감도 앞에
두 세상이 오락가락

어정버정 창문도 열어보고

귀도 떠 보지만.

*타워팰리스 파크뷰 : 주상복합 호화아파트

순한 말

— 제주에서

승마 체험장
관광객 태우고
들판을 돌아 나오는 훈련된 말은
조련사 말 잘 듣는 순한 말.

출발점 대기중인 어미 말
샅을 파고드는 망아지
대열에 뒤떨어질 것 뻔한데
젖 먹는 새끼 떼고
차마 못 간다.

늦장 부려도 되는 거야? 하다가
고대 내 생각 나무란다
제 구실이 무엇인지
선차가 어떤 건지
알고 있었다.

타이르는 촉촉한 눈빛
잘 헤아려 끄덕이는 어진 새끼
가탈없이
졸래졸래 따라가는
푸른 하늘 순한 흰구름.

몽골인 곡예

— 제주에서

도박장 원반 같은 말판에서
말을 타는 몽골인
갈기처럼 휘날리는 장발
칭기즈칸
말발굽소리.

텀블링 물구나무, 줄넘기 활쏘기,
지상도 어려운 고난도 기술,
장대 어깨 위
馬上 드라마
오르락내리락
사람이냐 원숭이냐.

불이 켜졌다
환호와 박수갈채
바른손 심장에 최고 경의
절하고 퇴장하는 몽고반점 相似민

同宗의 아픈 멍 한 덩이

코끝이 찡 아려온다.

소리

— 필그림앙상블 연주를 듣고

현을 타고 찍그덕거린다
파르르 떠는 깃발처럼 파닥인다
잉잉 울다가
쾅!
떨어졌다 솟구치는 소리.

강물에 뜬 종이배처럼
물굽이에 휘말려 까르륵 숨넘어간다
활을 번쩍 들어 내리쳐 그어
살며시 미세음 건져낸다
날렵하고 매끈하다.

타이타닉, 초호화 유람선
처녀항해 선상
침몰하는 처절한 사랑 동영상 뜬다
껴안고 울부짖는 영혼의 절규
"내 일생 소원 주께 나가기 원합니다."

객석은 와르르
간이 무너지는 소리
죄인, 사기꾼이
제 세상 바꾸는 소리.

3부

가을 해넘이처럼

두렁길 밝히는 개똥벌레
철버덩 놀래 뛰는 논 개구리
기척도 없이 사라지고.

갈가마귀 떼 노을 쓸고 간 뒤
갈무리 끝낸 마을에
저녁연기 피어오른다.

갈래머리 애숭이들 놀다 흩어진 지
즈믄해 걸쳐
가을 해넘이처럼 가고.

갈대 바람 벼리는
아련한 피리소리.

順天命으로 살지라

옥동 같은 찔레 순
벗겨 먹은 담 모롱이
햇살 따뜻했네
잔디 이슬 동천 언덕에
순둥이 유년처럼 뜨는 무지개.

누구 위한
콩깻묵, 피죽인가
놋숟가락 빼앗기고 솔뿌리 캤을 때
봉화산 골짝에 穿山甲이 벼락 맞고
소낙비 하늘에서 미꾸라지 떨어진
그해 여름
8.15,
팽나무 광장 꽹매기 장구 치고
목 터진 환성 가라앉기 전
한 여인의 몸보다 몇 배 큰 보퉁이
머리 이고 개미처럼 종종걸음

노끈 졸라 난세 엮어낸 후미진 고향 길.

광활한 갈대밭에 철새 깃드는
大垈 앞바다
각단지기 피멍 안고 떠나는
미세기 갯골 바위 귓전에서
아름다운 사람아
順天命으로 살지라,

고향의 뜻
몰랐으랴만 잊었으랴만
서리 가을 둔치 넘어설 때면
아련히 눈에 밟히는
허물없는 얼굴들.

궁지

이웃은 한 집처럼
고샅은 정으로 잇는 삼끈
두 박자 깨금발 잘도 뛰어 댕겼느니.

오면 가면 인사하고 머츰 웃고
동문 밖 서문 밖, 바람 짝 달그림자
심부름도 마다 않고.

鄭구장님, 마을의 仙人
마주칠 때면
허— 영명한지고 떡잎부터 아느니,

나의 금언이어라
울리는 종소리처럼
세상 아름다움이라.

거기 미치진 못했어도

내 살아온 삶

크게 부끄럽지 않았느니.

아! 어머니展

키우면 진주가 되는 줄 몰랐네
침 묻은 조막글 여남,
홀치고 감치고 땀침 박음 누더기 조각보
누가 거들떠봤던가.

놋주발 놋바리 白銅 수저
푸른 눈물 흐르는 달빛
차곡차곡 묻혀 귀히 둠직도 했으련만
눈먼 어느 날 고물상과 바꿈질.

중배 볼록한 오목바리는
세상 감싸 안는 포근함,
주신 대로 담고 살라 하신
處處 배인 간곡한 어머니 목소리
〈아! 어머니展〉에서
그립고 아프다.

흙의 어머니

하늘의 어머니,

생살 찢어 소금 뿌리면

이만큼 쓰릴까요.

*2005년 광복60년특별기획전 〈아! 어머니전〉 용산전쟁기념관에서 現代史 여성의 눈으로 재조명

새벽 小考

장마 그친 새벽
방충망 붙잡고
거침없이 울어대는 매미소리
열대야에 시달린 잠을 깨운다.
짙푸른 녹음
촉촉한 풀내
햇볕 내리쬐는
그대 어울리는 숲 어데 두고.

아파트 숲도 숲은 숲이다,
잿빛 창안에도 잎 피는 고목
방충망 사이가
멀지 않구나.

목 비틀린 풍뎅이 맴돌고
느티나무 평상에
순리대로 키워준 유년의 별들

사랑함에 주저앉는 마음의 길
생각만으로도 마음 좋거든
오늘은 내가
한없이 젊어지고 있다.

성묘 길

잡목 숲
발목 적시는 낙엽 길에
까마귀 소리 반가운 인사
대신 지켜주었구나.

미움 받기 위해
태어난 피조물 없네
反哺之孝
미물에 스승 있네.

어머니 가슴에 박은
철없는 잔못질
당신의 눈물 고인 곳에
내 눈물 고이네

늦게 핀 산국 한 송이
흐느적거리는 바람

산비알 타는 해
가오, 가오 살펴 가오
약속 묶고 오네.

추석일기

부모님 산소 이장한 후
갈 데 없는 추석은 허전하다
고속버스 다섯 시간
마을 감싸 안은 순한 산
어머니 얼굴이
먼저 다가와 서 계시더니.

언니마저 여의고
그나마 찾아간 무덤
고마고만 낯선 죽음들
눈썰미로 한참 더듬었다.
빈병 거꾸로 묘표 박아놓고
갈참나무 가지에서 내려다보는
홀어미 산비둘기 눈도장 찍는다.

싸리꽃 향기 치마꼬리 잡는다
내년도 와 줄 거지?

글썽이는 붉은 망울망울

도깨비바늘 엷구리 움켜쥐고 따라오고 있다

건널목

그윽한 幽明의 갈림길에서.

제삿날

뉘 고르고 티 골라 키질한 쌀
함박에 담아 보 씌우고
메 지을 때 살짝 재껴서 보면
희미하게 찍혀 있는 새 발자국
時空 넘나든 당신의 날개
가벼운 착지로 자국 놓은 것.

향 올려 이룩한 당신의 성역
뉘 감히 범접하리
기꺼이 받으실 인간의 정성
子時에 머무르시라
거기 세상 것으로 온전히 받으시라.

멀리 첫닭 소리
촛불 그윽이 흔들려
그림자 거둘 즈음
오! 맙소서

잔속에 꿈틀 한 올 머리칼
요망한 이브의 뱀

가슴 치고 물 마시고
대죄 청하리라 머리 푼다
나를 나보다 더 잘 아는 신이여
납덩이 무게라도 지고 살아 마땅하나
그러나
그리 마소서.

*이브의 뱀 : 저세상은 머리칼이 뱀이라는 민간 속설

말씀 적으시고

소유에 연연치 않아 아귀 무르다.
힘없는 마을
켜켜이 쌓인 사연들
손에 먹물 묻혔으니 도와야 하네
외팔이 수남이네
間島 아들편지 눈물 대필,
발목 오그라진 애기 낳아
밤텡이 눈 은식이네
돌파리도 때론 신의 손
삼신 달래며 살살 주물러 펴주고
액살막이 엄나무 가시 금줄 쳐주네
동네 북,
온갖 신고접수 읍으로 면으로
진눈 작달비 도롱이 걸치고
낮 없는 길을 질퍽질퍽 뛰네
돈 없는 마을 한 잔의 술은 있네
별 몇 올려놓고 어둠 기울여

슬며시 사립 밀고 겸연쩍게 들어와
孔, 孟 왈
등잔불 심지 돋우네
밭두렁 논두렁 낫질도 슬렁슬렁
새떼 먼저 보내고 늦네
식은 땀 훔치며 평상에 돌아앉아
단죽 물던 凡夫의 등걸이가
까실해 말리던 날
당신은 불혹에 병 얻네
시월 열아흐레
저녁노을 지우며
멀리멀리 날아간 한 점 외기러기.
누렇게 바랜 세월
야윈 사진 한 장
당신 생전이 얼비치네
오래 사신 친구 정수 박 생원
우렁우렁 골목길 흔들어

니가 峰華 딸이냐!

똑 즈이 아배네.

*峰華 : 아버지의 字

맨드라미 사랑

눈 맞아 야반도주 얄미운 女
해와 달 뭉개고 얼마 가랴
어린 것 주렁주렁 달고
개 건너 갈대밭 그늘에 어름어름
챙 없는 햇빛
익은 얼굴들
맨드라미 사랑
벼슬 이고 마중 서있다.

광주리 수더분한 들녘 가실
이마 땀 훔쳐 던지는
밭고랑 어머니
급히 돌아 나오는 가을 들머리
할 말은 많은데
할 말이 없어
맨드라미 주먹다심
파란 유리하늘 깨부신다
"썩을女ㄴ…"

두꺼비 집

시오리 새벽길
석곡 5일장
날알이며 남새며 산초 열매
물물교환 돈 사기 한나절에 끝낸다
모닥불가에 낯 익히고
점찍고
세상 소문 한 옴큼 지게꼬리 묶는다
닷새만에 푸는 오지랖
막장 목로에 항아리처럼 펴주는 탁배기
다문다문 마마자국 두꺼비상 주모
방앗잎 비릿한 사람 냄새
풀풀 온 장터 열어주더니
무슨 기이한 병인가
亞麻膏藥 붙인 젖무덤에
명태껍질 동여맨 당고모님
애기손바닥만한 눈송이 잠재우던 날
닫아버린 假家 빈지문

멀리 가도 찾아오는 두꺼비 집
썰렁한 젖무덤만
지게꼬리 묶고 가는 장꾼들.

현해탄 편지

어머니 산소를 이장해 가신 날
빈 무덤 적시는 빗줄기는
가슴 찌르는 바늘이었어요.

생각나요.
종전 후 첫 한가위
pow 페인트 찍힌 낡은 군복 걸치고
어머니!
사립문 앞 반 거지 아들 안고
내 새끼, 내 새끼 울부짖던.

새벽마다 정화수 뜨며
찬물세수 머리 빗던 나무 얼레빗
반달로만 걸려 있던 어머니 쪽진 머리
드디어 만월이 떠올랐지요.

별들은 희끗희끗 백발 되어

나누인 현해탄 오누이 운명
검은 물살 가르고 달려갈 마음
늘 지척에 두고 삽니다만.

*종전 : 2차세계대전
POW : 포로, prisoner of war

廢家를 보며

1.

성처럼 높았다
사중문 깊숙한 안채에서
마지막 피아노가 실려 나갔다.
굳게 닫힌 녹슬은 문
정원사 손길도 끊어진
후박나무 음울한 그늘
단조음 한 소절 쓸어 모으는
창백한 조명 창에
명멸하는 영욕.

개 짖는 소리 잠 못 이뤄
밤눈 밝은 거위로 妙方 썼지만
그녀의 불면증은
"猛거위 注意"
흔들리는 벽을 붙들고 있다.
못에 걸린 金○○

高慢과 格調 안간힘 쓰는

가랑잎 무게

한 生이

가물거리고 있다.

2.

알뜰히 쏟아 부었다

십자매 사랑

모이통 박차고 창밖으로 날아간

빈 조롱 앞에

불면증에 시달린 이울은 얼굴

외꽃처럼 누렇게 떠있다

창문을 치는 마른 우레

비틀거리는 날개의 야성

조롱 밖

한 生이

실종을 맞고 있다.

양귀비

사람이든 꽃이든 아름다우면
곁에 두고 오래도록 보고 싶은 것
누구나 원하는 참마음이리라.

몰래몰래 날아온 바람의 씨
양귀비 절색 피어났지만
멍든 가슴에 감춰둔 비밀
내 뿌리 어디 있어요
호적계 비웃음 이젠 싫어
등, 초본 안 떼는 곳은
크낙새 쪼아대는 밤인가요
뒤 안 그늘에 눈물 섬인가요
묘연히 사라져 버린 私生兒 설움.
비밀 하나쯤 품고 사는 것
불가사의 매력
동에서 서가 멀듯
해지는 곳은 돌아올 수 없는가.

사람이든 꽃이든 아름다우면
곁에 있어 나 있고
그대 없으면 나 없네.

만났을 때 우리

천둥 우박 맞고서도 죽지 않은 나무
그대로구나.

우리의 바람 길은 어긋났지만
甲年 지나도록 꺾이지 않았어.

어둑새벽 같이 난 또래 저물녘 되었다고
누가 누구를 늙었다 하겠는가.

우리 사이
시차도 없어
세월도 없어.

우리의 뿌리는 흙 속에서
손잡고 있었던 거야.

보는 눈 먹은 마음 같이 가니

100년이 되어도

너, 그대로구나 할 것이네.

친구여

햇살이 시끌벅적 뒹구는 뜰
소쩍새 자목련 가지에
검붉은 피 쏟아 낭자할 때
쇠기침 구들더께 삼년
각혈 한 대야 유산 받아.

소로록
감꽃 지는 뒤란에서
너만 알라 초경 비밀
첫사랑 속말
3기 앓던 친구여.

나누던 중배기 백숙
꺼져가는 심지에
한 깍정이 기름이었다고
긋고 간 반딧불이었다고
내 손 꽉 쥐어 주던
貧賤之交여.

4부

그때 그 담

달밤에 능구리와 달팽이가
담쟁이덩굴에 液膜길 내며
세월을 늘려늘려 넘는 그 담.

불꽃 튀는 들고양이
쫓기는 어린 쥐
삶과 죽음 넘나든 경계에서
신부님이 대준 등 밟고 넘어간
신촌 푸른 장발 네눈박이 담.

지렁이 담을 기는 담쟁이 심줄
능구리와 달팽이는 제 삶 지고 떠나
아린 흔적 물 타 마시는
희미한 달무리
담쟁이 하얀 꽃 발 벗은 채
표표히 월장하는
그때 그 담.

가고 싶은 곳

좁고 가파른 하늘 끝
나의 근원이러라

문은 작지만 열려 있는
향기로운 숲

그 宮庭 들어가려고
지치고 곤한 석양 길

친구들이 안 보인다
어디론가 어렁더렁 떠나 버린

하룻밤 철길
침목 자갈 밑 우는 벌레소리

한 줌의 조악한 삶
뉘 계획 아래 왔던지

아름다운 곳 가장 경이로운 그 곳
텅 빈 뒷모습 바람처럼 가벼이.

매화기도원

구름 짙은 그믐밤
달도 없고 별도 숨어 버린 암흑
논두렁 밭두렁
잔설 희끗희끗 길 인도한다.

처진 어깨
높이 세운 깃 속으로
고개 떨군 남과 여
지난 과거는 잘못 없는데
처음 만난 사랑의 기쁨
담아둔 마음 있는데
언제부터 우리 어긋났는지.

가슴 맞대 봐요
뜨거운 박동이 소통할 때
멀리 언덕 위 매화기도원
벼룩만한 불빛 찾아 손잡아요

눈 속에 피어난 매화

아름다운 해답 예 있어요.

부활절

병동 뜨락 한나절
링거병 매달고 휠체어에 기댄
삶의 갈망
뜬 듯 감은 듯 햇볕 쬐고 있네.

한 자락 바람에 묻어온 라일락향기
파리한 눈가에 수수 같은 눈물
사랑 예수여!
당신을 흠모합니다
처음 고백 띄운 날.

엠마오 쓸쓸한 언덕길에서
못 자국 보이시고 오르신 날
患衣 어깨에 얹어주신 부드러운 손길
살아도 죽어도 놓지 않겠네.

길

길을 가다 길을 잃을 때 있다
갈등하고 선택한 길은 늘 막다른 길
아쉬워 되돌아보면
더 멀어진 길
노을은 이미 저물녘이다.

여러 갈래 길
누구나 찾는 지름길이지만
그 많은 흙 자국
모든 길이 같을 수 없듯
나뉘었다가 다시 만나고
끊어지면 길쌈 삼아 반을 짓듯

보이지 않는 끝자락
다른 길 같은 곳 마주칠 때까지
가플막 길이나 논틀길에
들꽃과 바위가 里數를 알려 주듯
먼 길 외딴길에 푯말로나 서있을까.

국화 앞을 지나며

H아파트 202동 화단 앞
정원석 햇빛 사이
황실 紋章 같은
고고한 국화 향기.

가지 하나 살짝 꺾어
안옥한 방에 들여놓고
마음껏 사랑하고
초연한 기품 닮아 보리
들어가며 나오며 기웃거린다.

버리고 바꾸고
죄 없는 하루 살겠노라
새벽기도 돌아오는 길
자연의 주인을 범하려는 순간.

웬일인가 그 꽃은?

뭉텅이 째 온데간데 없어졌다
어느 손 끝에 머리채 잡혀갔나
텅 빈 새벽
모진 흔적 위에 내 손 얹어본다.

보이지 않은 생각은 죄 아닌가
먹은 마음 저울 달아 죄 삼는가
작은 것 하나도 허락 없으면
누구 앞에 떳떳하리.

너희도 나그네

보리 고개 숨찬 봄날에는
느루 먹던 곡식 한 줌 아쉬운 때
뛰지 마라, 배 꺼진다 조심할 때
어찌어찌 알음 편에
남루 沒廉 입고 찾아온 손.

"손 대하기 소홀히 하지 마라" (히브리서 13:2)

닥닥 긁어 내놓은 정성
싸악 핥아 해치우고
데미는 저 무례한 빈상 앞에
힐끗힐끗 쫓기는 짐승이 보여.

부엉이 앞서가는 재를 넘어
旱害에 물꼬 대다 달려온
호롱 밑 문맹들 앞에
홀연히 나타난 청년 農活

벽을 뚫은 눈빛 그 총기
한 계절 온통 설레게 하더니
바람처럼 사라져 간 저 낯설음
뱃속이 붉은지는 미처 몰랐어라.

목이라도 끌어 안아줘야 했을까
긍휼 많은 예수가 내겐 없었네
한사코 내몰았던 누덕진 뒷모습
처연한 달빛 휘청이는 고샅 끝.

"나그네를 사랑하라 너희도 애굽에서 나그네였느니라"

(신명기 10:19)

자유공원

등꽃 향기
공원의 아침이 일어난다
낮은 하늘 안개 가르는 비둘기 떼
낙곡 주우려 축항으로 날아간
무심한 산책길.

우뚝,
큰 키 검은 안경
그 앞에 마음 머문다
더글라스 맥아더,
어느 손길인지 꽃다발
역사 뒤편에서 시들고 있다.

干滿의 차 9미터
가능성 5천분의 1
낙섬 펄에 목숨 담보 놓고
1950. 9. 15 새벽

절대자 앞에 무릎 꿇은
인간 맥아더여,
크로마이드 작전
아! 멋지게 일궈낸
기적의 사람
이역만리 푸른 눈이여,
“노병은 죽지 않는다 다만 사라질 뿐”
세기를 울리는 메아리
혈맹의 강이여.

느닷없이 천둥벌거숭이
몰려오는 이념 갈등
그 손에 해머 망치는 또 무언가
不可解, 不可해.
자유공원 비둘기야
먹는 것이 일이며 놀이인 것 안다만
올리브 잎 물고 온 창세 비둘기가
지금 그립다.

산불

— 낙산사

바위틈 열고 내민 봄이
불탄다.
널름대는 연옥
흐믈어진 동종은 울림 없는
쇠 물
바람 쳐 사바 울린 풍경
비탈에 폭삭 내려앉은
천년 고찰 푸른 숨결.

180ha 화마 자국
보듬었던 숲속 아롱이 자롱이
상수리 가지에 울다 잠든 피리새
어데서 새 가슴 떨고 있을까
염통 드러난 산
이마 박고 울며불며
千百億化身 빈다
다라니경 독송소리

메아리 없는 빈 산

휘영청 무심한 달.

*千百億化身 : 불타의 헤아릴 수 없이 많은 수호로 변화하는 몸
다라니경 : 장해를 제거하여 각종 공덕을 받는다고 함

白頭翁

임대아파트 현관에
백태 낀 삶이
지린내로 흥건하다
바람제비 아들
어쩌다 얻은 손녀
암내 핀 고양이처럼 뛰쳐나가
양지에 살만 했던 가산
야금야금 뜯기고
달이 이지러지도록
이제라도 빗속을
뛰어 오지 않을까
가랑거리는 거미줄 숨
끝자락 매달려 사는 연습
군시렁 군시렁
飛蚊症 휘젓는
흰 더벅머리
할미꽃.

凌虛臺

깎아지른 바위 청청 소나무 아래
칠백년 도읍의 작은 문호
망망한 바다에 편주 띄워
삭풍 노도 헤쳐 닻 감은 나루터.
긴 항해 내색 않고
의관 갖춘 백제 사신
상호 국익 도모한 금과옥조 맺었네.

사람도 역사도 흐르는 물
바다가 뭍으로 올라 온 오늘
먼 파도소리 타는 日沒
옛 같은데.
천오백년 史址
님의 넋 그윽하고
彼岸 너머 발 돋우는
능허대 돌비.

*凌虛臺 : 百濟使臣이 最初로 中國을 往來했던 船着地. 朝鮮 光海君 때까지 山東半島를 往來했음. 現在 埋立되어 公園이 됨. 인천시 연수구 옥련동.

三呼峴

임금의 특명
괴나리 使行
지긋이 누른 입술
뙵나라 간다.

서울을 출발
부평 별리현과 문학리 거쳐 연경산
고개 넘어 大津 나들목
먼 해로 시름에
우루루 따라 나온 가족들
울컥울컥 목젖 삼킨다.

바람 저어 구름 저어
성큼성큼 縮地하는 보폭
고개 마루 올라 뒤돌아본다
별리현에 까마득 흔드는 메아리.

모두들 잘 있거라
그동안 잘 있거라
꼭 돌아오마 잘 있거라
壯途의 외침
이슬 털고 길 내주는 갈대
揖하여 禮하더라.

*大津 : 광해군 때까지 교역했던 나루터, 인천시 옥련동.

부두는 만나기 위해

부두를 떠난 여객선
수평선에서 사라졌다
물 끝에 그어진 기나긴 금
눈 짧아 그 너머 보지 못하네.

사랑하는 사람
기어이 갔구나,
말없이 손 저어 잘 가라 하고
돌아서는 마음 멀미하네.

세월이 굽는 허리
기다림은 아득하다
돌아오기 위해 떠난 사람
부두는 만나기 위해 있는가
복받쳐 오르는 갈매기 떼.

마음도 젖고

발길도 젖는

연안부두 선착장.

앵무새

목련 벙긋이 부풀은 날
앵무새 알 품는다
몇 개쯤 되나
했을 뿐인데
"다 가져가라!"
밀어내 깨버린 오만함
한 개는 의뭉하게 배 밑에 깔고
도끼눈
"없다!"
하더니 까논 새끼
혀끝 저작한 조밥 먹이고
볼테기 묻은 밥풀 떼주며
깃털 빗어 다듬어서
함초롬히 고운 때 입혀놓고
婚齡 되자
연적
"나가라!"

구석에 내몰고 뜯는 어미
숭고한 혈연 깨는 순간
세상에 토해내는 서러움
"엄마 맞아?"
목련꽃 그늘 처량하다
"우리 삶은 고작 이런 것"
둥지 안에 나란히
입맞추는 어미새 부부.

태몽

그늘에서 자란 밀대처럼
삼밭 속에 쑥대처럼
가녀린 저 몸 어디 쓴담
시어미 깊은 속 숯이 한 섬.

함박눈이 펑펑 해 넘기는 밤
눈발 헤집고 살진 달덩이
건너 방 창문으로 쏘옥 들어가.

옳거니, 옳거니
고양이 걸음 새벽을 기어
찬물로 입가시고 말문에 잠금쇠.

빚어지고 빚고
영글어 꽉찬 달
이제야 사람 같은 몸태.

달은 상달
羊膜 트고 나와 태 가른 날
비로소
말 되네
시어미 태몽.

첫눈

소리 없이 가신 님
봉숭아 물 가물가물
떨어지면 못 오시는 그 약속.

누에머리 내 손톱
봉숭아 꽃물 남겨놓고
첫사랑 기다리네.

붉은 초승달
오늘 아침 자르지 않기를
참 잘했네.

첫눈 오시네.

한 해를 보내며

눈 내리는 밤
연하 카드 쓴다.

햇빛 가난한 반지하방
털지 못한 거적대기 삶
덮어주는 함박눈이
속없이 즐거운 그녀에게
마음 보태주자.

한 해가 저물었다고
우울해 하지 말자.

구석대기 깨알로
어줍은 글 몇줄
여줄가리 써넣는 밤
세모 종소리 한 조각
카드에 봉한다.

성탄 아침

밤손님인가 살금살금
깨어 보니 눈 오셨네
唐椒보다 더 매운 눈 위 바람
공중곡예 뒹구는 눈보라
바람막이 문짝에 기대서서 버스를 기다리네
가랑잎처럼 떼밀려가는 아침.

기댄 것들 언젠가는
배신하는 세상이듯
컴컴한 지하서점 계단 아래로
나를 밀쳐 버리고
쾅, 닫아 버리네
곤두박질
光速 스쳐가는 순간의 의식
삶의 끝은
참 외롭구나.

짧은 여행

떴네, 보이네, 들리네

날아간 성서가방 자리

쑥대강이 내 머리 괴고 있네

오!

크고도 놀라운 임의 팔!

성탄 아침 종소리.

최전엽 敍述詩의 미학

— 제2시집 《順天命으로 살지라》를 중심으로

李秀和
한국문협 · PEN 명예부이사장

1.

최전엽 시(최전엽 시인의 詩)는 서술시(敍述詩, narrative poem)의 미학을 구현함에 있어 시인은 두 가지 태도를 취한다. 하나는 리얼리즘 실현이고, 다른 하나는 리리시즘 구현 성향이다. 前者 例詩를 ①로, 後者는 ②로 行頭에 표시해 거론하면 다음과 같다.

① 임대아파트 현관에
백태 낀 삶이
지린내로 홍건하다
바람제비 아들
어쩌다 얻은 손녀

암내 핀 고양이처럼 뛰쳐나가
양지에 살만 했던 가산
야금야금 뜯기고
달이 이지러지도록
이제라도 빗속을
뛰어 오지 않을까
가랑거리는 거미줄 숨
끝자락 매달려 사는 연습
군시렁 군시렁
飛蚊症 휘젓는
흰 더벅머리
할미꽃.

② 두렁길 밝히는 개똥벌레
철버덩 놀래 뛰는 논 개구리
기척도 없이 사라지고.

갈가마귀 떼 노을 쓸고 간 뒤
갈무리 끝낸 마을에
저녁연기 피어오른다.

갈래머리 애숭이들 놀다 흩어진 지
즈믄해 걸쳐
가을 해넘이처럼 가고.

갈대 바람 벼리는
아련한 피리소리.

例詩 ①은 〈白頭翁〉 全文이고 ②는 〈가을 해넘이처럼〉 전문이다. ①이 시인의 리얼리즘시(현실 拮抗主義 시) 정신 구현을 위한 敍述詩(narrative poem)라면 ②는 시인의 또 다른 태도인 리리시즘 구현의 텍스트인 것이다.

①에서 최전엽 시의 리얼리즘 정신은 일종의 치매증(飛蚊症 ; 모기도 없는데 모기 쫓는 시늉이 심한 치매증)에 시달리는 노파의 안타까운 삶을 외면한 가족들의 비정한 패륜상을 통해 시대적 아픔을 고발하고 있다. 결코 시적 주체가 흥분하거나 분노일변도가 아닌 냉엄한 리얼리즘 정신에 기반하여 서술시의 묘사적 이미저리로 시의 내용을 잘 묘출하고 있어 독자의 공분을 사기에 충분하다.

이에 비해 ②는 메타텍스트 '가을 해넘이처럼' 적막한 삶의 그것도 집단적 삶의, 적막한 정서를 매우 비감한 아우라(aura)의 분위기로 결집시킨 리리시즘의 서술시일 터이다. 일찍이 이웃 일본 에도(江戶)시대 하이쿠(俳句)의 대가 바쇼(芭蕉, 1644~1694)를 본다.

마른 가지에 까마귀 앉아 있네
저무는 가을
(枯枝に暮のとまりけり秋の烏)

—이라는 하이쿠를 통해 바쇼는 시의 의미를 창출하는 의미 단위의 형태를 시간(저무는 가을), 장소(枯枝 ; 가레에다), 사물(까마귀)이라는 3가지 언어만 배열하여 절묘한 가을 悲愁의 아우라(aura)를 잘 형상화하고 있다.

저렇듯이 우리의 최전엽 시 〈가을 해넘이처럼〉도 농사를 지었다손, 일제 식민통치의 공출로 굶주린 삶의 비극적인 정경만 어릿거리던 그 비극적 시간과 공간, 그리고 갈대바람 벼리는 애절양의 피리소리라는 사물 미미저리로써 박해받던 민족의 지난 한맺힌 역사적 한 굽이의 아우라(aura)를 잘 서술해 주고 있는 것이다.

이와 같은 최전엽 시의 서술시 방법은 한 개인의 개별적인 삶보다는 더불어 살아가는 삶의 전향성을 아우르는 리얼리즘 시 실현에 사용되는 방식이며, 또 한 가지는 서술시의 본질인 리리시즘 구현인 바, 예시에도 극명하게 드러나 보이듯 미학적 아우라(aura) 형상화가 주된 관심사인 것이다. 이러한 최전엽 서술시의 리얼리즘과 리리시즘 구현의 여러 텍스트群을, 章을 달리 해서 세심하게 살펴보기로 하겠다.

2.

저자의 제2시집인 이번 최전엽 시집 《順天命으로 살지라》(2010. 1. 지구문학사 간행)에는 4부로 편성된 총 70편의 서술시가 주류를 이룬 텍스트군이 포진해 있다.

제1부에 〈봄은 뱀〉, 〈강아지풀〉 등 19편, 제2부에 〈자귀나무 횃집〉, 〈승기천〉 등 17편, 제3부에 〈順天命으로 살지라〉 등 16편, 제4부에 〈앵무새〉, 〈白頭翁〉 등 18편이 편집되는데 텍스트마다 최전엽 시의 균제된 언어의 미학적 馭車力과 세공된 레토릭(rhetoric, 修辭學)의 단련이 느껴지는 특성을 보인다. 가령,

옥동 같은 찔레 순
벗겨 먹은 담 모롱이
햇살 따뜻했네
잔디 이슬 동천 언덕에
순둥이 유년처럼 뜨는 무지개.

누구 위한
콩깻묵, 피죽인가
놋숟가락 빼앗기고 솔뿌리 캤을 때
봉화산 골짝에 穿山甲이 벼락 맞고
소낙비 하늘에서 미꾸라지 떨어진
그해 여름
8.15,
팽나무 광장 꽹매기 장구 치고
목 터진 환성 가라앉기 전
한 여인의 몸보다 몇 배 큰 보퉁이
머리 이고 개미처럼 종종걸음

노끈 졸라 난세 엮어낸 후미진 고향 길.

광활한 갈대밭에 철새 깃드는
大垈 앞바다
각단지기 피멍 안고 떠나는
미세기 갯골 바위 귓전에서
아름다운 사람아
順天命으로 살지라,

고향의 뜻
몰랐으랴만 잊었으랴만
서리 가을 둔치 넘어설 때면
아련히 눈에 밟히는
허물없는 얼굴들.

— 〈順天命으로 살지라〉 全文

시집 메타 텍스트 《順天命으로 살지라》에 보이는 고향의 식민지 시대 피어린 역사 의식과 향토애와 鄕友 의식의 따뜻함에는 순천명이라는 人乃天(사람이 곧 하늘처럼 존숭받아야 할 존재라는 인간애 의식) 思想에 기반한 최전엽의 시정신이 절절이 표상되고 있다. 최전엽 서술시의 호한한 時空에 따뜻한 향토애와 향우 사랑의 휴먼 정서가 잘 通涉되고 있는 서정적 서술시의 뛰어난 예일 터이다.

이와 같은 호한한 서사시형 호흡이 긴 서술시에 비해 최전엽 서술시의 리리시즘은 비교적 단형의 서정시에서 실현되고 있음을 본다.

뙤약볕 길가에
털보송이 강아지
밭고랑서 뽑히고
가라지라 던져져
벌레 밥, 새들 밥 되기도 했지만
올해도 이맘때 약속처럼
정강이를 뛰는 더펄 강아지.

더운 날엔 더우려니
달리는 아이들
손바닥 위 초록 풀밭
워리 워리,
기쁨 가득 순금 같아라
다정하게 부비는 치맛단이 간지럽다.

— 〈강아지풀〉 全文

최전엽 서술시에서 例詩에는 敍景의 강한 아우라가 풍긴다. 털보송이 강아지를 데리고 밭고랑곁 초록 풀밭을 달리는 소녀의 치맛단 나풀거리는 생동감 넘친 모습은 약동하는 생명력의 아름다움 바로 그 자체이다.

자연과 동물과 인간의 삼박자로 어우러진 예시 〈강아지

풀〉은 그래서 최전엽 서정적 서술시의 에코토피아(자연 친화 녹색시) 정신을 구현한 대표작으로 손꼽을 수 있겠다. 그리고 최전엽 서술시의 저러한 서정적 내러티브 포임 창작 태도는 그의 리얼리즘 서술시와 쌍벽을 이루는 태도임이 분명해진다.

다음에 병렬해 例示하는 2편의 최전엽 서술시는 또 다른 특징을 담지한 경우이다.

① 독배길 오동배기길
줄로 재 금 그어 새길 나고
이리저리 잘린 자투리마당 자귀나무
터가 센 횟집에
긴 세월 함께 사는 까닭이 무엇일까.

도깨비와 씨름해 단판에 들어메친
대가 센 노인
묵은 짠지 같은 입심 센 노파와
칼날 아래 얇게 저며지는 한 삶
노부부의 오랜 합환을 위해
이맘때면 담홍의 꽃을 피우는 것일까.

노파의 험구와 숫돌에 벼리는 노인의 칼날
무언가 내면에 강한 氣 분출하는 나무,
자귀나무 횟집은 그래서

콕,
찌르는 칼 맛이 있는지 모른다.

② 목련 벙긋이 부풀은 날
앵무새 알 품는다
몇 개쯤 되나
했을 뿐인데
"다 가져가라!"
밀어내 깨버린 오만함
한 개는 의뭉하게 배 밑에 깔고
도끼눈
"없다!"
하더니 까논 새끼
혀끝 저작한 조밥 먹이고
볼테기 묻은 밥풀 떼주며
깃털 빗어 다듬어서
함초롬히 고운 때 입혀놓고
婚齡 되자
연적
"나가라!"
구석에 내몰고 뜯는 어미
숭고한 혈연 깨는 순간
세상에 토해내는 서러움
"엄마 맞아?"

목련꽃 그늘 처량하다
"우리 삶은 고작 이런 것"
둥지 안에 나란히
입맞추는 어미새 부부.

例詩 ①은 〈자귀나무 횟집〉, ②는 〈앵무새〉의 각각 全文들이다. ①은 자귀나무 횟집 노부부의 오랜 인생살이에 담긴 설화적 이야기를 내용으로 인간들 부부의 어떤 불가해한 和諍思想(양보하는 속내)을 구현하고 있다. 특히 終聯에 서술되고 있는 노파와 노인의 독특한 성격 상징은 그 응축적인 상징 이미저리 솜씨에 의해 매우 강렬한 주제의식을 구현한다. 서정시에 서사적 특성인 이야기와 사건 상황에 대한 시인 최전엽의 뛰어난 詩作 기획력 소산일 터이다.

이와 함께 ②는 서술시의 정서를 전달하는 극대화 방법으로 서사적 특성인 다이얼로그(대사)를 삽입하고 있다. 목련꽃의 순연한 생명력 앞에 앵무새의 이기적인 생리(종족 번식 본능)를 서술, 묘파하고 있는 배면에는 시인의 '인간적 패륜' 에 대한 알레고리가 깔려 있는 것이다. 이와 같이 최전엽 서술시는 사건이나 이야기를 통해서 객관적인 사실을 전달하고, 이를 통하여 독자의 정서나 감동을 유발하는 형식적 특성이다.

①과 ②의 정서와 감동은 전적으로 저러한 시인의 합리적 메소드(방법)와 포에지(시정신)의 소산이란 점에서 우

리는 최전엽 서술시의 리얼리즘 기법과 리리시즘 태도가 중심축을 이루고 있는 이번 시집 《順天命으로 살지라》의 시적 秀逸性과 그 威儀에 한 점의 미혹도 없이 전폭적 상찬을 아끼지 않아도 될 터이다. 잘 창작된 텍스트성에는 오로지 독자의 감동과 지식정보가 스며 있을 뿐이기 때문이다.

이처럼 詩는 그 형식에 따라 효력이 극대화됨을 우리는 특히 최전엽 서술시를 통해 새삼 확인하는 것이다. 특히 서술시는 서사시가 한 인간, 즉 영웅이나 평범한 사람을 가림이 없이 그 일대기를 통하여 삶의 총체성을 그리고 있는 비교적 긴 시 형식임에 비하여 서술시는 짧게는 數行에서 길어야 數十行 이내의 내용을 통하여 나름의 시적 이야기나 인물을 형상화하는 양식임을 우리는 이상과 같은 최전엽 서술시의 여러 뛰어난 국면을 통해 확인하였다. 그만큼 최전엽 서술시는 깊은 울림(aura)과 다채로운 형식적 미학을 구현하고 있는 특장을 우리는 확인한 셈이다. 이제 그 역동성의 미학이 매우 아름답게 담겨 있는 두 작품을 주목하는 것으로 이 평설글의 결론으로 삼을까 한다. 먼저,

좁고 가파른 하늘 끝
나의 근원이러라

문은 작지만 열려 있는

향기로운 숲

그 宮庭 들어가려고
지치고 곤한 석양 길

친구들이 안 보인다
어디론가 어렁더렁 떠나 버린

하룻밤 철길
침목 자갈 밑 우는 벌레소리

한 줌의 조악한 삶
뉘 계획 아래 왔던지

아름다운 곳 가장 경이로운 그 곳
텅 빈 뒷모습 바람처럼 가벼이.

— 〈가고 싶은 곳〉 全文

例詩는 敍述詩(narrative poem) 미학의 기본 자질 중 하나인 공간[인간의 死後 靈界]와 현실 공간(3~6스탠자)을 대비해 시적 주체(시인)의 정서를 매우 핍진한 언어 선택과 뛰어난 修辭力으로 절묘한 아우라(aura)를 조성하고 있다. 이 감동적인 최전엽 서술시를 읽고 사후 천당이나 극락에 대한 예측 또는 그 곳으로 향하는 자신의 영혼의

모습 같은 것을 그려보지 않을 수 없을 터이다. 뛰어난 시에 감동하고 마음의 해방감, 평온함을 확보할 수 있는 경우를 우리는 실감하고도 남음이 있으리라 본다. 자, 그렇지만 죽음 뒤에 올 공간보다는 개똥밭에 구르는 개똥참외인들 주검으로 버려짐보다 낫지 않겠는가. 최전엽 서술시의 또 하나 絶唱으로 그 까닭을 확인해 보면,

소리 없이 가신 님
봉숭아 물 가물가물
떨어지면 못 오시는 그 약속.

누에머리 내 손톱
봉숭아 꽃물 남겨놓고
첫사랑 기다리네.

붉은 초승달
오늘 아침 자르지 않기를
참 잘했네.

첫눈 오시네.

— 〈첫눈〉 全文

後末行을 單行單聯 처리한 起承轉結 구성의 전통적 동양시법 솜씨도 좋고, 첫눈 오심으로 님이 꼭 오시리라는 3

연의 신념도 좋으며, "누에머리… 손톱" 이니, 그것을 "붉은 초승달" 이니로 메타포 이미지화한 최전엽의 묘사력·서술력의 珍境은 가히 놀라울 지경일 터—.

'첫눈' 이 저렇게도 아름다운 詩的 경지며, 즐거움의 대상일 줄은 소월식으로 말해 정녕 70 고희를 넘긴 나로서도 예전엔 미처 몰랐던 美學界의 일인 것이다.

아름다운 최전엽 제2시집 《順天命으로 살지라》의 출간을 心祝해 마지않는다.

2010. 1.

삼개나루 樹堂軒에서 石蘭史

최전엽 시집
順天命으로 살지라
•
지은이 / 최전엽
펴낸이 / 김정희
펴낸곳 / **지구문학**

110-122, 서울시 종로구 종로2가 39 뉴파고다빌딩 215호
전화 / (02)764-9679
팩스 / (02)764-7082

등록 / 제1-A2301호(1998. 3. 19)

초판발행일 / 2010년 2월 1일

값 7,000원

E-mail/jigumunhak@hanmail.net

ISBN 978-89-89240-31-0 03810